AF593080

Texte : Caroline Bonhomme
Mise en pages & graphisme : Thierry Lopez

https://fr.linkedin.com/in/carolinebonhomme9
https://www.instagram.com/carolinebonhomme.fr/
https://www.facebook.com/carolinebonhomme.fr

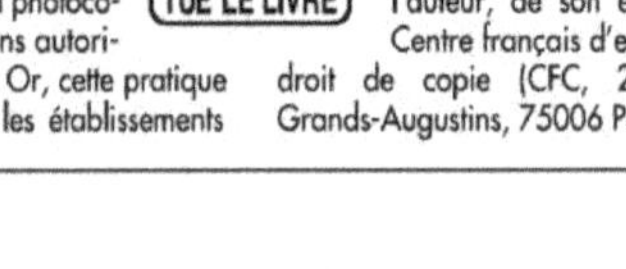

www.carolinebonhomme.fr
contact@carolinebonhomme.fr
ISBN : 978-2-9594179-0-0

DANS LA MÊME COLLECTION

Mon amour, ce que je ne te dis pas assez

Ma fille, ce que je ne te dis pas assez

Mon fils, ce que je ne te dis pas assez

Ma soeur, ce que je ne te dis pas assez

Mon frère, ce que je ne te dis pas assez

Maman, ce que je ne te dis pas assez

Papa, ce que je ne te dis pas assez

Mamie, ce que je ne te dis pas assez

Papi, ce que je ne te dis pas assez

Maîtresse, merci pour cette année

Maître, merci pour cette année

Ce que je ne te dis pas assez (à personnaliser)

Merci pour cette année (à personnaliser)

COLLECTION PAROLES INÉDITES

MA FILLE,
Ce que je ne te dis pas assez

ISBN : 978-2-9594179-0-0

Le meilleur moment de ma vie a probablement été la naissance de ma fille.

David Duchovny

MON PLUS BEAU SOUVENIR AVEC TOI…

Ce que j'admire le plus chez toi…

LE PÈRE TIENT LA MAIN
DE SA FILLE PENDANT
UN COURT INSTANT,
MAIS SON COEUR
POUR TOUJOURS.

PROVERBE ANTIQUE

Une chose que je n'ai jamais osé te dire…

L'AVENTURE LA PLUS FOLLE
QUE J'AI VÉCUE
SANS QUE TU LE SACHES…

LE SEUL HOMME SUR
LEQUEL UNE FILLE POURRA
TOUJOURS COMPTER,
C'EST SON PAPA !

THOMAS DERMINE

La chanson qui me fait penser à toi…

LE CONSEIL
QUE TU M'AS DONNÉ ET
QUI A CHANGÉ MA VIE…

POUR UN PÈRE GRANDISSANT, RIEN N'EST PLUS CHER QUE SA FILLE.

EURIPIDE

UNE LEÇON IMPORTANTE
QUE TU M'AS ENSEIGNÉE
SANS LE SAVOIR…

LA FOIS OÙ J'AI VRAIMENT COMPRIS LA VALEUR DE TES CONSEILS…

CE QU'UN PÈRE DOIT
DONNER À SA FILLE,
CE SONT DES LUMIÈRES QUI
L'ÉCLAIRENT SUR ELLE-MÊME.

MURIEL BARBERY

Un rêve que j'aimerais réaliser avec toi...

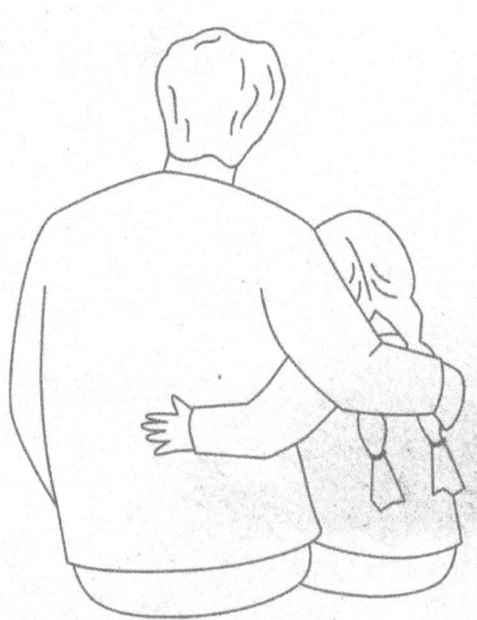

Ce que je souhaite faire davantage avec toi dans un avenir proche...

PERSONNE DANS CE MONDE
NE PEUT AIMER UNE FILLE
PLUS QUE SON PÈRE.

MICHAEL RATANDEPACK

UNE DIFFICULTÉ
QUE NOUS AVONS
SURMONTÉE ENSEMBLE…

Un secret que j'ai gardé jusqu'à aujourd'hui…

Ce qu'un père
doit donner à sa fille,
ce sont des lumières qui
l'éclairent sur elle-même.

Muriel Barbery

Ce qui me rend fier d'être ton père...

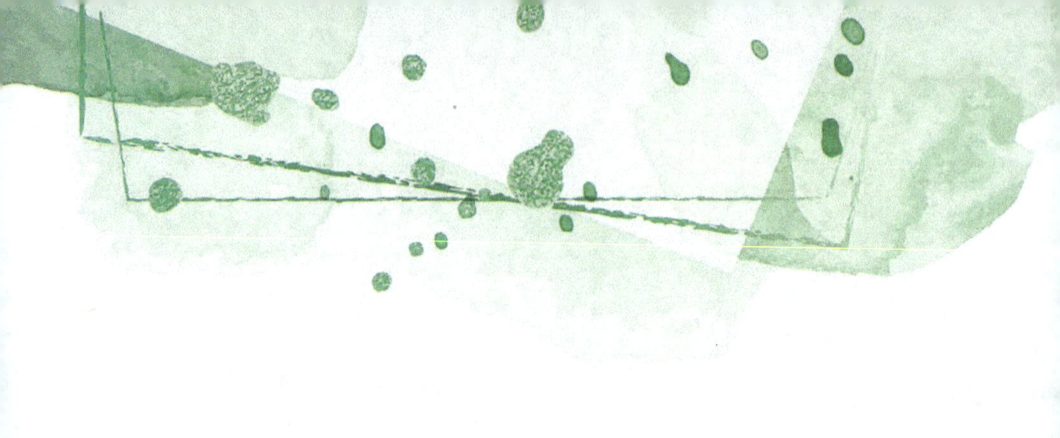

La qualité que je t'envie le plus…

Le père est un miroir
dans lequel la petite
fille puis l'adolescente,
peut discerner les
prémices de la femme
qu'elle deviendra.

GENEVIÈVE BERSIHAND

Le hobby que j'aimerais explorer avec toi...

UNE CHOSE QUE J'AI TOUJOURS VOULU FAIRE AVEC TOI ET QUE NOUS N'AVONS JAMAIS FAITE JUSQU'À MAINTENANT...

Tout père doit protéger sa fille comme les épines protègent la rose.

Proverbe indien

Le moment où ta réaction m'a le plus impressionné…

LE MOMENT OÙ TU M'AS FAIT RIRE AUX ÉCLATS…

Un père n'est pas celui
qui donne la vie,
ce serait trop facile,
un père c'est celui qui
donne l'amour.

DENIS LORD

COMMENT JE DÉCRIRAIS
NOTRE RELATION
EN TROIS MOTS…

La plus grande leçon que j'ai apprise en t'observant…

LE MEILLEUR HÉRITAGE
ET LE PLUS RICHE
PATRIMOINE QU'UN PÈRE
PUISSE LAISSER
À SES ENFANTS,
C'EST LA GLOIRE DE SES
VERTUS ET DE SES BELLES
ACTIONS.

CICÉRON

Mon plat préféré que tu prépares...

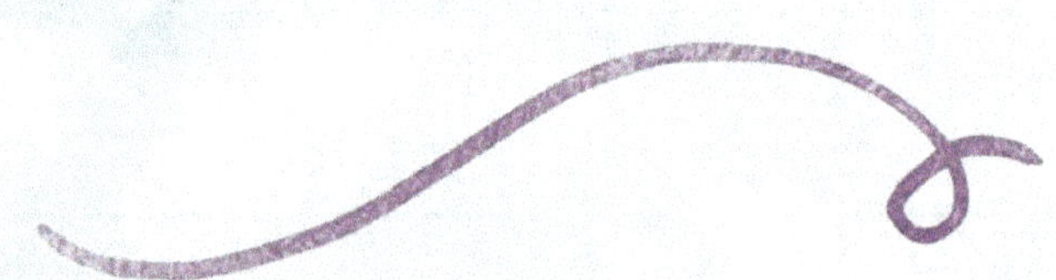

Une tradition familiale que je souhaite perpétuer...

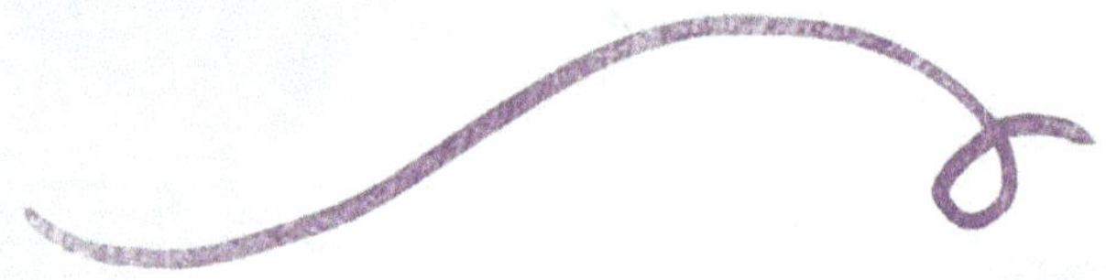

QUAND UN ENFANT NAÎT,
UN PÈRE NAÎT AUSSI.

FREDERICK BUECHNER

Le moment le plus drôle que nous avons partagé ensemble…

Ce que j'admire le plus chez toi…

L'EXEMPLE,
C'EST TOUT CE QU'UN PÈRE
PEUT FAIRE POUR
SES ENFANTS.

THOMAS MANN

TES PHRASES QUI M'ONT AIDÉ À SURMONTER UN MOMENT DIFFICILE…

Une chose pour laquelle je veux te remercier…

Merci

L'AMOUR D'UN PÈRE
EST PLUS HAUT QUE LA
MONTAGNE.
L'AMOUR D'UNE MÈRE
EST PLUS PROFOND QUE
L'OCÉAN.

PROVERBE JAPONAIS

www.ingramcontent.com/pod-product-compliance
Lightning Source LLC
LaVergne TN
LVHW050423160826
845677LV00002BA/511

* 9 7 8 2 9 5 9 4 1 7 9 0 0 *